AWESOME WORD SEARCH

FOR KIDS AGES 6-8!

Welcome to our word search book
we've got a treat for you !
One hundred AWESOME word searches –
how many can you do?

Diggers, mermaids, unicorns,
planets, pets and more.
You'll find them all inside this book
there's so much fun in store !

Pippin
Puzzlers

f pippinpuzzlers

X pippinpuzzlers

⊙ pippinpuzzlers

♪ pippinpuzzlers

Instructions

The words at the bottom of each page are hidden in the letter grid. All you have to do is find them. They appear forwards, upwards, downwards and also diagonally.

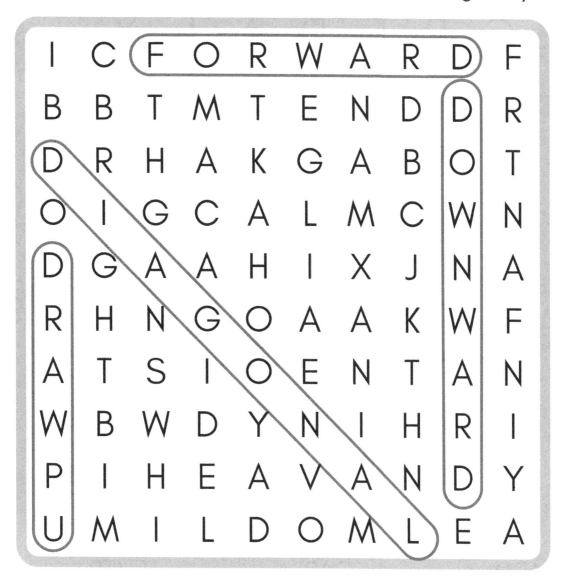

Some words may contain spaces or punctuation. Ignore spaces or punctuation when looking in the grid, and search only for the letters. The further you progress through the book, the more difficult the puzzles become.

WE HOPE YOU ENJOY IT!

Parts of a digger

Can you find all of the words hidden in the puzzle below?

```
C P E D A L Y J
Y B U C K E T O
L S W Y U V T Y
I B I B M E R S
N C O H R R A T
D A C O A F C I
E B X M M L K C
R R X A E R S K
```

ARM	CAB	LEVER
BOOM	CYLINDER	PEDAL
BUCKET	JOYSTICK	TRACKS

A mermaid's world

Can you find all of the words hidden in the puzzle below?

```
S H E L L T M S
R S H O R E A H
U N S S I N G I
S R I F Y N I P
T I F H A X C M
A A J M X I D Q
I H U V F L H S
L H O C E A N G
```

FISH	MAGIC	SHORE
HAIR	OCEAN	SING
HUMAN	SHELL	TAIL
	SHIP	

Beach day

Can you find all of the words hidden in the puzzle below?

```
C Y D R P E I R
T S C C H E C S
K U Y H O V E P
R N U A T A C A
G Q D T N W R D
B U C K E T E E
S A N D P D A I
S H A D E S M R
```

BUCKET	ICE CREAM	SPADE
HAT	SAND	SUN
HOT	SHADES	WAVE

Farmyard friends

Can you find all of the words hidden in the puzzle below?

```
C H I C K E N H
G K E G O A T B
O M S H E E P K
D D O N K E Y H
W W O B Q Q W O
F J G L I I O R
A L P A C A C S
T U R K E Y U E
```

ALPACA

CHICKEN

COW

DOG

DONKEY

GOAT

GOOSE

HORSE

SHEEP

TURKEY

String instruments

Can you find all of the words hidden in the puzzle below?

```
M  I  C  S  J  S  O  F
A  U  K  E  L  E  L  E
N  V  I  O  L  I  N  S
D  S  H  M  A  L  Y  S
O  B  A  N  J  O  O  A
L  K  R  H  R  Z  A  B
I  F  P  V  I  O  L  A
N  I  G  U  I  T  A  R
```

BANJO	GUITAR	UKELELE
BASS	HARP	VIOLA
CELLO	MANDOLIN	VIOLIN

Let's exercise!

Can you find all of the words hidden in the puzzle below?

S	K	I	P	H	M	N	N
P	T	A	H	C	I	S	U
N	N	I	E	T	W	O	R
G	I	J	A	E	S	E	M
O	R	U	L	R	I	L	H
J	P	M	T	T	O	C	M
L	S	P	H	S	A	Y	A
L	Z	W	Y	G	A	C	K

CYCLE	JUMP	SPRINT
HEALTHY	RUN	STRETCH
JOG	SKIP	SWIM

Dogs...woof woof!

Can you find all of the words hidden in the puzzle below?

```
G B X U W A L K
R X S G S I T N
O W F J K J U Q
W R E D A R D P
L K T B A L L O
P W C L E A D K
U A H T A I L E
P G W I B A R K
```

BALL	LEAD	SIT
BARK	PUP	TAIL
FETCH	RUN	WAG
GROWL		WALK

Three letter words

Can you find all of the words hidden in the puzzle below?

```
S  S  S  O  A  N  Y  O  L
I  F  T  G  H  I  M  U
T  E  K  P  U  T  E  Y
L  S  Z  Y  M  D  L  V
A  I  J  X  N  F  S  J
D  G  Y  A  T  A  A  M
L  R  S  O  H  E  R  B
O  C  J  Z  U  Y  K  J
```

AND   HAS   OLD

ANY   HER   PUT

ASK   HIM   SIT

FLY   LET   YOU

Play dough shapes

Can you find all of the words hidden in the puzzle below?

```
S N O W M A N R
R A B B I T E K
A L H K E T H F
I L G P S G E L
N A O N R K A O
B B O E A L R W
O M N N U K T E
W E S D O G F R
```

BALL   HEART   RAINBOW

DOG   MONSTER   SNAKE

FLOWER   RABBIT   SNOWMAN

Parts of the body

Can you find all of the words hidden in the puzzle below?

```
S F H U E Y M R
E J E S H S O S
Y H O E M J I R
E N E R T L I E
I L A A X L T G
O E M Y D E O N
K N E E S G E I
E L B O W S S F
```

ARMS	FEET	LEGS
ELBOWS	FINGERS	NOSE
EYES	HEAD	TOES
	KNEES	

Cats...purr purr!

Can you find all of the words hidden in the puzzle below?

```
C L A W S M J P
L N V A J T P U
C M F K U A O R
P W U W M I U R
A R R W P L N B
W U O W S I C O
S E I L Z L E W
M S T R I N G L
```

BOWL	JUMP	PURR
CLAWS	MEOW	STRING
FUR	PAWS	TAIL
	POUNCE	

Parts of a plant

Can you find all of the words hidden in the puzzle below?

```
P E T A L H F J
O S S E E D S O
L T F L O W E R
L I S R L B U D
E U E O X E U K
N R P O B U A H
S F A T Y N W F
Z I L S S T E M
```

BUD	LEAF	SEEDS
FLOWER	PETAL	SEPAL
FRUIT	POLLEN	STEM
	ROOTS	

Numbers 1 to 12

Can you find all of the words hidden in the puzzle below?

```
T W E L V E T Y
Q U F I V E D W
A O N S E V E N
T W E E L A E E
H T T I E R N N
R X P G V U I O
E I H H E O N L
E S K T N F C O
```

ONE	FIVE	NINE
TWO	SIX	TEN
THREE	SEVEN	ELEVEN
FOUR	EIGHT	TWELVE

Four letter words

Can you find all of the words hidden in the puzzle below?

```
V D Q T S A I D
E K P A T I E I
C N A H L R U L
N O R W O F E M
O W T M N G M P
T H E Y G M O O
L A O V E R S T
J C T H A T C S
```

KNOW	OVER	STOP
LONG	PART	THAT
MORE	SAID	THEY
ONCE	SOME	WHAT

An array of colors!

Can you find all of the words hidden in the puzzle below?

```
E Q K A Z B Y Q
G W T J H L G P
N O J R G U R U
A L B W E E E R
R L H L H D E P
O E G R A I N L
G Y E B U C T E
I Z P I N K K E
```

BLACK	ORANGE	RED
BLUE	PINK	WHITE
GREEN	PURPLE	YELLOW

Nouns

Can you find all of the words hidden in the puzzle below?

```
R  B  A  L  L  E  J  U
N  U  R  S  E  L  L  F
U  M  P  I  Y  P  A  O
P  G  N  L  B  P  K  R
B  C  A  T  A  A  E  E
T  O  O  F  B  N  H  S
D  T  O  O  T  H  E  T
A  A  Z  K  S  J  M  T
```

APPLE   BOOK   NURSE

BABY   CAT   PLANET

BALL   FOREST   TOOTH

               LAKE

Verbs

Can you find all of the words hidden in the puzzle below?

```
E B T L A U G H
N R U D H X S W
U E O W A L S A
R A H Y R N I R
L D S J R I C D
S I U U I P T E
P L A Y D L M E
D R I V E E O T
```

DANCE   LAUGH   RUN

DRAW   PLAY   SHOUT

DRIVE   READ   WRITE

RIDE

Baby animals

Can you find all of the words hidden in the puzzle below?

```
D I P U P P Y K
U R D R O F C F
C P I K L I O O
K I K A H X L A
L G C C C J R L
I L K I T T E N
N E F A W N A H
G T V C U B Q T
```

CALF	DUCKLING	KITTEN
CHICK	FAWN	PIGLET
CUB	FOAL	PUPPY
	KID	

Items of clothing

Can you find all of the words hidden in the puzzle below?

```
Q  S  S  H  I  R  T  P  P
F  W  S  H  O  R  T  S  S
R  E  V  I  D  H  P  X
A  A  F  H  R  T  A  S
C  T  P  H  E  R  N  H
S  E  W  A  S  I  T  O
H  R  R  T  S  K  S  E
X  C  G  T  J  S  Y  S
```

DRESS	SCARF	SHORTS
HAT	SHIRT	SKIRT
PANTS	SHOES	SWEATER

Adjectives

Can you find all of the words hidden in the puzzle below?

```
P R E T T Y C B
V Z R H G D L T
T A O E N Y E Z
B N G A I P V E
P G I R R P E V
D R B L A A R A
L Y P Y C H P R
O L S M A L L B
```

ANGRY	CARING	OLD
BIG	CLEVER	PRETTY
BRAVE	EARLY	SMALL
	HAPPY	

Days of the week

Can you find all of the words hidden in the puzzle below?

```
W E D N E S D A Y
S A T U R D A Y A
Y A W N L S Y E D
A F C O A A A E S
D A K W D I D J R
N F N S S O N A U
O L E J W A U D H
M U S U E I S W T
T H L F R I D A Y
```

MONDAY	WEDNESDAY	SATURDAY
TUESDAY	THURSDAY	SUNDAY
	FRIDAY	

Christmas time

Can you find all of the words hidden in the puzzle below?

```
R E I N D E E R W
G H T R E E H C R
N V S S A F P G E
I X C A H X L Z A
K G A N G O O A T
C I R T I I D H H
O F O A E Q U F F
T T L N L L R L F
S S S I S M E G Y
```

CAROLS	REINDEER	STOCKING
ELF	RUDOLPH	TREE
GIFTS	SANTA	WREATH
	SLEIGH	

Squirrels!

Can you find all of the words hidden in the puzzle below?

```
F  O  T  R  E  E  I  O  T
L  Q  G  R  O  U  N  D  N
Y  A  S  Q  J  L  S  D  I
I  B  D  N  T  I  E  R  X
N  M  E  B  U  A  C  A  O
G  I  E  X  Q  T  T  Y  N
I  L  S  J  H  B  S  J  H
F  C  R  O  D  E  N  T  E
P  I  L  K  O  L  N  R  U
```

CLIMB   GROUND   SEEDS

DRAY   INSECTS   TAIL

FLYING   NUTS   TREE

               RODENT

Superhero

Can you find all of the words hidden in the puzzle below?

```
M  S  H  O  W  D  O  W  N
R  D  I  S  G  U  I  S  E
Q  P  D  B  R  A  V  E  P
T  O  O  R  I  G  I  N  B
Z  W  K  C  Q  Y  T  G  E
R  E  S  C  U  E  J  P  Q
Y  R  V  I  L  L  A  I  N
X  T  J  W  M  C  Q  I  X
W  E  A  K  N  E  S  S  J
```

BRAVE   ORIGIN   SHOWDOWN

CAPE   POWER   VILLAIN

DISGUISE   RESCUE   WEAKNESS

Jewels

Can you find all of the words hidden in the puzzle below?

```
W G D I A M O N D
E T E E D T P T A
A S R M F X E E K
I Y I E X Y A N D
E H H R W N R R T
D T P A U O L A O
A E P L J B L G P
J M A D M H Y O A
R A S O P A L S Z
```

AMETHYST	JADE	PEARL
DIAMOND	ONYX	RUBY
EMERALD	OPAL	SAPPHIRE
GARNET		TOPAZ

Five letter words

Can you find all of the words hidden in the puzzle below?

```
G B O T H E I R R
K W Y W H I C H I
N H R A G A I N G
I E E K K M H T H
H R V A K R T H T
T E E M F E F A D
W O U L D T Z N B
N W A T E R E K U
S T S L E E P R P
```

AFTER	SLEEP	WATER
AGAIN	THANK	WHERE
EVERY	THEIR	WHICH
RIGHT	THINK	WOULD

Fairytale characters

Can you find all of the words hidden in the puzzle below?

```
L P R I N C E S S
D R A G O N Q E K
H H W P X P U C N
C Z O W Q Z E N I
T F L R I S E I G
I A F W S Z N R H
W I Q C N E A P T
S R K I N G I R I
T Y T R O L L Q D
```

DRAGON	KNIGHT	TROLL
FAIRY	PRINCE	WITCH
HORSE	PRINCESS	WIZARD
KING	QUEEN	WOLF

Fruits

Can you find all of the words hidden in the puzzle below?

```
K L O A C B Z M O
I S Y R P N Y I G
W H O N A P S L N
I C G M B N L S A
J A N E A V G E M
R E O P N P T E J
A P L A A J O T D
E O E R N V S Y H
P X M G A L I M E
```

APPLE   KIWI   ORANGE

BANANA   LIME   PEACH

GRAPE   MANGO   PEAR

             MELON

Look, a unicorn!

Can you find all of the words hidden in the puzzle below?

```
E K Y W O O D S T
S P A R K L E P A
I C Z G T R O T I
M G A L L O P U L
B E A U T I F U L
D Q X R F O G O H
L G R I D E K M O
I M A G I C A L R
W Z F M A N E I N
```

BEAUTIFUL	MANE	TAIL
GALLOP	RIDE	TROT
HORN	SPARKLE	WILD
MAGICAL		WOODS

Let's get cooking

Can you find all of the words hidden in the puzzle below?

```
L W S V W G U T Z
E L O F T A S T E
E P S C R T Z R S
P E T L F Y O Z C
O T E K N E A D H
Z A A B X K W M O
S R M I V A Z O P
I G M R M B J P R
S H T M S A U T E
```

BAKE   GRATE   SAUTE

CHOP   KNEAD   STEAM

FRY   MIX   TASTE

PEEL

The Solar System

Can you find all of the words hidden in the puzzle below?

```
G A W K U R A N U S
S A T U R N M F A Z
Z Y C S U N R Z X H
M E R C U R Y E T U
N E P T U N E R E F
V T L M X T A S N Z
E R U Z P E I D C J
N X T J U P I T E R
U B O M W U U F P K
S M A R S C S V T S
```

SUN   EARTH   URANUS

MERCURY   MARS   NEPTUNE

VENUS   JUPITER   PLUTO

               SATURN

2D Shapes

Can you find all of the words hidden in the puzzle below?

```
S E M I C I R C L E
C C K M A C S P X L
R E I W L J L E N G
H H Y R T K W N O N
U E O B C A H T G A
N R X M V L G A A T
O A E A B H E G T C
V U P Q G U W O C E
A Q Q M L O S N O R
L S T R I A N G L E
```

CIRCLE	OVAL	SEMI CIRCLE
HEXAGON	PENTAGON	SQUARE
OCTAGON	RECTANGLE	TRIANGLE
	RHOMBUS	

Weather

Can you find all of the words hidden in the puzzle below?

```
W  T  H  U  N  D  E  R  G  P
L  A  F  O  G  G  Y  S  N  I
T  I  R  G  S  I  X  N  I  H
M  R  S  M  H  Q  B  O  N  M
C  O  L  D  Y  G  A  W  T  D
R  U  C  L  O  U  D  Y  H  H
A  S  U  N  N  Y  J  R  G  O
I  S  T  O  R  M  Y  X  I  T
N  X  K  R  N  C  B  D  L  P
Y  W  I  N  D  Y  J  J  A  Y
```

CLOUDY	LIGHTNING	SUNNY
COLD	RAINY	THUNDER
FOGGY	SNOWY	WARM
HOT	STORMY	WINDY

Pirates arrrrrr!

Can you find all of the words hidden in the puzzle below?

```
A  N  X  T  S  F  R  X  Y  U
E  C  M  T  E  C  D  M  O  L
S  S  A  R  N  E  N  E  H  Z
W  K  T  Q  O  A  O  R  A  A
F  U  E  Q  B  R  N  U  H  T
E  L  Y  J  S  R  N  S  M  O
R  L  V  W  S  I  A  A  L  R
F  L  A  G  O  N  C  E  I  R
S  H  I  P  R  G  U  R  A  A
G  L  H  H  C  K  L  T  S  P
```

AHOY	FLAG	SEA
CANNON	MATEY	SHIP
CROSSBONES	PARROT	SKULL
EARRING	SAIL	TREASURE

The natural world

Can you find all of the words hidden in the puzzle below?

```
H N W I L D L I F E
C W H S U N R I S E
A M T S O C E A N P
E S O P R T K M K E
B C F U V Q A A T A
R E O T N K L E I C
I N R G Z T S W L E
V E E V A N A T G F
E R S P U N D I Q U
R Y T S X G P F N L
```

BEACH   OCEAN   SCENERY

FOREST   PEACEFUL   SUNRISE

LAKE   RIVER   SUNSET

MOUNTAIN   WILDLIFE

Oceans and seas

Can you find all of the words hidden in the puzzle below?

```
O  W  S  O  U  T  H  E  R  N
C  A  R  I  B  B  E  A  N  X
F  R  P  G  Q  R  E  D  C  C
B  E  R  I  N  G  A  F  I  Q
I  N  D  I  A  N  S  T  F  W
O  M  N  A  A  W  C  D  I  R
P  F  G  E  N  R  A  Q  C  K
V  Z  G  A  A  E  Z  Z  A  Y
U  E  K  T  D  V  R  K  P  A
A  T  L  A  N  T  I  C  B  P
```

AEGEAN	BERING	PACIFIC
ARCTIC	CARIBBEAN	RED
ATLANTIC	DEAD	SOUTHERN
	INDIAN	

Modes of transport

Can you find all of the words hidden in the puzzle below?

```
H E L I C O P T E R
W M M B I C Y C L E
T S C O O T E R O L
C Q L A H Q H E C G
X A E Y C E B E U W
V T R A I N S I W H
J A M Z S X U L G L
U M N Y S S B O A T
W A E R O P L A N E
N M O T O R B I K E
```

AEROPLANE   BUS   SCOOTER

BICYCLE   CAR   TRAIN

BOAT   HELICOPTER   VAN

               MOTORBIKE

Life under the sea

Can you find all of the words hidden in the puzzle below?

```
K  I  C  Z  S  H  E  L  L  S
Y  S  O  D  C  O  R  A  L  W
K  L  T  I  S  H  A  R  K  U
F  C  X  A  C  M  S  K  W  S
S  T  R  J  R  H  Y  Q  R  U
Q  U  U  A  L  F  W  Q  B  P
U  R  V  U  B  F  I  S  H  O
I  T  Q  I  Y  J  Q  S  D  T
D  L  T  E  E  L  U  T  H  C
W  E  O  Q  Q  S  L  X  X  O
```

CORAL	FISH	SQUID
CRAB	OCTOPUS	STARFISH
EEL	SHARK	TURTLE
	SHELLS	

Museum trip

Can you find all of the words hidden in the puzzle below?

```
S C U L P T U R E P
Y N G W O P N I U I
H N J R B W I F U N
I I R F O S S I L V V
S A Q S C I E N C E
T E V F S L C B W N
O L X A R T U P J T
R F X O W Y S B D I
Y G I F T S H O P O
D I N O S A U R G N
```

ART	FUN	LEARN
DINOSAUR	GIFT SHOP	SCIENCE
FOSSIL	HISTORY	SCULPTURE
	INVENTION	

Popular pets

Can you find all of the words hidden in the puzzle below?

```
G U I N E A P I G Q
Z K H R G N U Y P T
T I L A O B G P Q D
O T J B L C O P Z R
R T N B D W D U E A
R E V I F T B P I Z
A N R T I J O P G I
P H A M S T E R D L
T A C A H U K A U D
T O R T O I S E B M
```

BUDGIE	GUINEA PIG	PARROT
CAT	HAMSTER	PUPPY
DOG	KITTEN	RABBIT
GOLDFISH	LIZARD	TORTOISE

It's time for bed

Can you find all of the words hidden in the puzzle below?

```
S  J  V  P  L  L  U  W  V  P
D  T  G  T  P  X  V  S  E  A
W  S  O  S  N  O  R  E  P  T
O  E  O  R  P  L  L  R  M  E
L  R  D  S  Y  S  K  A  S  K
L  C  N  N  J  G  E  T  D  N
I  W  I  O  S  R  B  U  E  A
P  A  G  O  D  R  E  C  R  L
B  R  H  Z  Y  I  D  S  I  B
R  M  T  E  B  V  G  E  T  T
```

BED	PILLOW	SNORE
BLANKET	REST	STORY
DREAM	SLEEP	TIRED
GOODNIGHT	SNOOZE	WARM

A trip to the cinema

Can you find all of the words hidden in the puzzle below?

```
Z  W  T  I  C  K  E  T  S  W
P  L  A  U  G  H  R  V  C  S
O  G  G  Y  B  M  L  W  O  E
P  S  T  O  R  Y  E  S  R  A
C  B  M  O  V  I  E  Y  E  T
O  C  F  S  C  R  E  E  N  I
R  C  R  A  C  T  R  E  S  S
N  V  G  Y  S  Z  O  W  U  K
F  V  Q  U  A  C  T  O  R  Z
R  S  D  A  R  K  Y  R  D  I
```

ACTOR	LAUGH	SCREEN
ACTRESS	MOVIE	SEAT
CRY	POPCORN	STORY
DARK	SCORE	TICKET

Directions

Can you find all of the words hidden in the puzzle below?

```
D  F  O  R  W  A  R  D  U  B
V  I  S  D  S  G  C  O  T  D
I  A  A  M  P  W  L  W  F  R
Y  J  N  G  U  E  P  N  E  A
E  W  O  R  O  Q  B  F  L  W
A  E  R  W  I  N  B  N  Q  K
S  S  T  G  S  G  A  L  K  C
T  T  H  A  N  V  H  L  H  A
G  T  F  C  C  F  V  T  P  B
I  S  O  U  T  H  S  P  S  A
```

BACKWARD	FORWARD	RIGHT
DIAGONAL	LEFT	SOUTH
DOWN	NORTH	UP
EAST		WEST

Let's have a picnic

Can you find all of the words hidden in the puzzle below?

```
G S A N D W I C H T
U U T E N S I L S M
I C E S I D H N A H
C A K B A S K E T N
E K N H F L R X S A
P E A Q U E A L P P
A M L E F T B D I K
C P B E K A F B H I
K D N Y J R K Z C N
S R D I D R I N K S
```

BASKET   CHIPS   SALAD

BLANKET   DRINKS   SANDWICH

CAKE   ICE PACKS   UTENSILS

                NAPKINS

How we learn

Can you find all of the words hidden in the puzzle below?

```
W A O V E R C O M E
C O M M I T B M Y H
W I M P R O V E C P
A N O H F D C T E E
T G N G A A E V L R
C R R E I R I G I S
H O R U T O P L S I
N W A S D M D H T S
T R Y A G A I N E T
M I S T A K E S N D
```

COMMIT   LISTEN   READ

FAIL   MISTAKES   STRETCH

GROW   OVERCOME   TRY AGAIN

IMPROVE   PERSIST   WATCH

Six letter words

Can you find all of the words hidden in the puzzle below?

```
K Z C R F B F Y B A
S H O U L D O T E N
L R M A Q Y L T F I
E S R A N Q L E O M
T Y E R L S O R R A
T A T O A B W P E L
E W T U N Z E E H M
R L E N B L D B R Y
Y A B D P L E A S E
F Q F C H A N G E I
```

ALWAYS	BEFORE	LETTER
ANIMAL	BETTER	PLEASE
ANSWER	CHANGE	PRETTY
AROUND	FOLLOW	SHOULD

Let's ride a bicycle

Can you find all of the words hidden in the puzzle below?

```
G T Y H E L M E T V
B P U M P Y Y K L K
O P G I B E I B D E
W H E E L S D R T V
H A N D L E B A R S
K A D Z S B N K L D
U A R I Z I K E P S
S E T R A U R S P S
G V L H S P O K E S
F T C P O A F B A C
```

BRAKES   HANDLE BARS   SADDLE

CHAIN   HELMET   WHEELS

FORK   PEDALS   SPOKES

PUMP

Outer space

Can you find all of the words hidden in the puzzle below?

```
G S P A C E S H I P
A S T R O N A U T V
L T M I L K Y W A Y
A P L A N E T S X T
X A S T E R O I D E
Y G O Q S C Y Q A K
X I P R N T O T W C
I H Z T O C A M B O
P C C M O D P R E R
H D N S M O E A S T
```

ASTEROID   GALAXY   ROCKET

ASTRONAUT   MILKY WAY   SPACESHIP

COMET   MOON   STARS

                  PLANETS

Jobs

Can you find all of the words hidden in the puzzle below?

```
G D C H E F U O R Z
Z E N T N Y N B E M
E N V U R I P A Y N
N T A D R H W K W F
G I Z C O S S E A L
I S U Q T C E R L O
N T V L R O T A C R
E I E G K N R O M I
E A T E A C H E R S
R P L U M B E R V T
```

ACTOR	DOCTOR	NURSE
BAKER	ENGINEER	PLUMBER
CHEF	FLORIST	TEACHER
DENTIST	LAWYER	VET

Racing car...vrooom!

Can you find all of the words hidden in the puzzle below?

```
Z J S G W R U L S B
E E R N H E N I A N
K T A I E V B O C P
A R E R E I M O O Z
T A G E L R V E I H
R T A E S D N L L S
E S I T N I T O E I
V J T S G P C Z U N
O G A N M X W Z F I
G V E W I N N E R F
```

DRIVER	GEARS	STEERING
ENGINE	LAP	WHEELS
FINISH	OVERTAKE	WINNER
FUEL	START	ZOOM

Steam train parts

Can you find all of the words hidden in the puzzle below?

```
G Y D B O I L E R H
T E E L T S I H W E
A F E V L A V L A A
C F C H I M N E Y D
G A M W H E E L W L
X I B E M O D M L A
F B T B E L L G N M
T O P I S T O N R P
G C Y L I N D E R A
B U F F E R T D E W
```

BELL	CHIMNEY	PISTON
BOILER	CYLINDER	VALVE
BUFFER	DOME	WHEEL
CAB	HEADLAMP	WHISTLE

Tree species

Can you find all of the words hidden in the puzzle below?

H	I	J	Q	H	P	I	N	E	G
W	A	S	C	F	P	O	M	Q	W
R	S	E	Y	O	Q	R	J	R	I
Z	N	E	B	C	C	M	N	I	L
E	O	C	J	E	A	O	D	F	L
V	B	U	B	C	E	M	N	B	O
I	O	R	G	S	A	C	O	U	W
L	Y	P	O	X	V	R	H	R	T
O	L	S	A	K	Y	X	E	U	E
C	L	Q	K	B	K	I	Q	K	W

BEECH	FIR	SPRUCE
BONSAI	OAK	SYCAMORE
COCONUT	OLIVE	WILLOW
	PINE	

The human skeleton

Can you find all of the words hidden in the puzzle below?

```
E F M U N R E T S S
G N E H E Y N O K K
A U H F C Y I V I U
C B H N G T P I E L
B P E L V I S A E L
I H H M U I N A R C
R P I I R V Q A L Y
E Q Q P K A I B I T
F E M U R Y M Q Z E
A L L E T A P M M V
```

CRANIUM

FEMUR

HIP

PATELLA

PELVIS

RIB CAGE

SKULL

SPINE

STERNUM

TIBIA

Birthday party!

Can you find all of the words hidden in the puzzle below?

```
P A R T Y C F T B S
O M F M M A N X A G
C Y U V E R A B L N
L A H S Y D Z Y L O
L D N A I S D C O S
H H Q D T C M A O G
A T T K L S H K N P
P R E P S E K E S C
P I G I F T S T A P
Y B C O R G A M E S
```

BALLOONS	CARDS	HATS
BIRTHDAY	GAMES	MUSIC
CAKE	GIFTS	PARTY
CANDLES	HAPPY	SONGS

Spooky Halloween!

Can you find all of the words hidden in the puzzle below?

```
T  A  E  R  T  B  F  Q  R  N
N  L  K  N  T  G  Q  S  C  I
O  X  C  R  A  I  X  N  O  K
T  N  C  D  B  J  D  N  B  P
E  D  A  K  S  A  M  O  W  M
L  T  N  L  U  O  H  G  E  U
E  R  D  N  D  E  S  D  B  P
K  I  Y  E  T  S  O  H  G  C
S  C  W  I  T  C  H  N  E  Z
T  K  R  M  S  Y  R  A  C  S
```

BAT	GHOUL	SKELETON
CANDY	MASK	TREAT
COBWEB	PUMPKIN	TRICK
GHOST	SCARY	WITCH

Let's make a picture

Can you find all of the words hidden in the puzzle below?

```
S H A R P E N E R P
M F E L T T I P S A
Q N I S H I F E V I
C N R N S R S R R N
R R N E U E A E E T
E L A P R L E S P D
T N D Y B U D A A L
A F E F O R I R P W
W E S G F N W E F K
P E N C I L S A Q W
```

BRUSH   IDEAS   PENS

CRAYONS   PAINT   RULER

ERASER   PAPER   SHARPENER

FELT TIPS   PENCILS   WATER

Wild cats

Can you find all of the words hidden in the puzzle below?

```
B X S E R V A L E C
X B S J F X W D B F
V O B K N C K Y W A
K B K Y Y T I G E R
S C L C A R A C A L
L A H A T E E H C F
I T J S V A K A A P
O E R A U G A J G F
N B D R A P O E L G
U A M U P E X D J N
```

BOBCAT   JAGUAR   PUMA

CARACAL   LEOPARD   SERVAL

CHEETAH   LION   TIGER

               LYNX

Volcano

Can you find all of the words hidden in the puzzle below?

```
A N H S A F W V N K
C R N T C I L E Y T
T E O S E C T O A V
I T I D M L D W W E
V A T R O O O W G N
E R P M I U R P N T
B C U A O D M A U M
X D R G W A A V M G
G N E M Q X N A C A
I N W A R Y T L U S
```

ACTIVE   DORMANT   LAVA

ASH   ERUPTION   MAGMA

CLOUD   FLOW   MOLTEN

CRATER   GAS   VENT

A night at the circus

Can you find all of the words hidden in the puzzle below?

```
S  C  I  G  A  M  K  P  H  H
T  Z  O  A  C  R  O  B  A  T
R  E  T  S  A  M  G  N  I  R
O  T  R  N  J  C  J  S  I  J
N  R  E  U  U  G  L  K  P  Z
G  A  C  R  G  O  R  O  G  V
M  P  N  U  G  Q  N  Q  W  Q
A  E  A  J  L  T  N  E  T  N
N  Z  D  V  E  R  I  H  A  H
H  E  P  O  R  T  H  G  I  T
```

ACROBAT   JUGGLER   TENT

CLOWN   MAGIC   TIGHTROPE

DANCER   RINGMASTER   TRAPEZE

                 STRONGMAN

Organs of the body

Can you find all of the words hidden in the puzzle below?

```
S  P  L  E  E  N  M  B  R  E
B  F  M  K  I  D  N  E  Y  S
D  L  W  F  S  G  N  U  L  U
S  T  A  H  C  A  M  O  T  S
K  R  H  D  Q  G  E  R  N  V
I  A  M  T  D  N  I  A  R  B
N  E  O  L  A  E  A  H  V  P
J  H  O  I  M  U  R  B  Q  L
R  E  V  I  L  W  A  S  Z  S
I  N  T  E  S  T  I  N  E  S
```

BLADDER	INTESTINES	SKIN
BRAIN	KIDNEYS	SPLEEN
HEART	LIVER	STOMACH
	LUNGS	

Grocery list

Can you find all of the words hidden in the puzzle below?

```
M C D S H B Y F W Q
M T A M U O N L K X
J A E I C G T O H H
U E R L E A A U V C
I M B K R X J R A O
C V J R E T T U B O
E O M I A S G G E K
T P C B L B Y P R I
J D F R U I T Y V E
V E G E T A B L E S
```

BREAD	EGGS	MEAT
BUTTER	FLOUR	MILK
CEREAL	FRUIT	SUGAR
COOKIES	JUICE	VEGETABLES

Time for school

Can you find all of the words hidden in the puzzle below?

```
R U L E R M D K H L
I N I P G F Q C S I
I A I W B Y B A D C
P E N C O H M P C N
F O L D E R S K O E
J B O O K S Z C I P
E X N O T E P A D T
Z F J R F L U B G S
E R A S E R B K H G
L U N C H B O X F W
```

BACKPACK   FOLDERS   PEN

BOOKS   GYM KIT   PENCIL

ERASER   LUNCHBOX   RULER

NOTEPAD

South America

Can you find all of the countries hidden in the puzzle below?

```
V B R K E L I H C X
E U O C C A V I L P
N R D L R U Y M H A
E U A N I P G E X R
Z G U R H V E A V A
U U C B L D I R C G
E A E C V F F A U U
L Y C O L O M B I A
A N I T N E G R A Y
J W B R A Z I L A L
```

ARGENTINA   CHILE   PERU

BOLIVIA   COLOMBIA   URUGUAY

BRAZIL   ECUADOR   VENEZUELA

               PARAGUAY

A giant jumbo jet

Can you find all of the words hidden in the puzzle below?

```
J E T E N G I N E W
T R U D D E R K E F
E A N D J S N I F L
J J I S Z O S Y K A
P L J L L N C U O P
F U S E L A G E R D
C X S L S N T W C G
R O T A V E L E E N
U C R W C A B I N I
W C O C K P I T J W
```

CABIN	FLAP	RUDDER
COCKPIT	FUSELAGE	SLAT
ELEVATOR	JET ENGINE	TAIL
FIN	NOSE	WING

Hospital

Can you find all of the words hidden in the puzzle below?

```
D  M  E  G  N  H  C  L  N  E
O  E  M  W  O  B  I  L  O  C
C  D  N  B  E  D  S  W  I  N
T  I  C  U  G  X  F  Y  T  A
O  C  G  G  R  L  N  E  A  L
R  I  V  P  U  S  R  G  R  U
Y  N  S  A  S  A  E  D  E  B
A  E  P  N  C  E  F  K  P  M
R  P  A  T  I  E  N  T  O  A
X  C  U  C  L  E  A  N  E  R
```

AMBULANCE	CLEANER	OPERATION
BEDS	DOCTOR	PATIENT
CARE	MEDICINE	SURGEON
	NURSE	

Witches and wizards

Can you find all of the words hidden in the puzzle below?

```
P  Q  G  W  B  C  X  H  V  C
D  N  A  W  R  A  M  S  H  A
S  G  R  S  O  U  W  T  J  T
D  S  U  U  O  L  P  R  S  K
M  A  D  G  M  D  O  A  L  A
T  A  O  Y  S  R  T  W  L  O
G  U  G  D  T  O  I  N  E  L
J  H  I  I  N  O  V  P  C
R  A  O  I  C  Y  N  I  S  Q
I  T  B  J  K  A  S  S  M  L
```

BROOMSTICK   CLOAK   SPELLS

CAT   HAT   WAND

CAULDRON   MAGIC   WARTS

POTIONS

Wow, it's a dragon!

Can you find all of the words hidden in the puzzle below?

```
F I M E K O M S H N
W I S P A R K S D O
R F E T A I L T E S
A F F R E G U H J T
O W L I C D D I J R
R I C Y R E E B O I
O N W O I E Z Y K L
O G H X H K S P T S
M S F R C L A W S C
C S C A L E S L B Y
```

CLAWS	HUGE	SMOKE
FIERCE	NOSTRILS	SPARKS
FIRE	ROAR	TAIL
FLY	SCALES	WINGS

Fantastic flowers

Can you find all of the words hidden in the puzzle below?

```
P S U N F L O W E R
F Q D A I S Y Q C R
D A F F O D I L X P
R T V Y K T B U P R
O N O I T A N R A C
S M O A L I L Y T Y
E D I H C R O T H N
J Z O I Y S I R I O
Q O P D T U L I P E
S T N G Z Z J X R P
```

CARNATION   IRIS   ROSE

DAFFODIL   LILY   SUNFLOWER

DAISY   ORCHID   TULIP

                   PEONY

Famous painters

Can you find all of the words hidden in the puzzle below?

```
F K R E E M R E V G
S E D A V I N C I H
D C T O L H A K I O
Z A U P B T J L Z C
Y J L P I K I E C K
W P N I B C L Q T N
K V O L I D A I F E
F C T E N O M S M Y
N B L O H R A W S T
X H G O G N A V R O
```

DA VINCI   KAHLO   VAN GOGH

DALI   KLIMT   VERMEER

HOCKNEY   MONET   WARHOL

            PICASSO

Sports

Can you find all of the words hidden in the puzzle below?

```
B  L  L  A  B  T  O  O  F  I
A  W  R  E  S  T  L  I  N  G
S  I  C  E  H  O  C  K  E  Y
K  R  G  J  Z  B  C  K  R  T
E  E  N  C  H  P  L  L  I  E
T  Z  R  S  O  C  C  E  R  N
B  L  L  A  B  E  S  A  B  N
A  W  W  Z  B  F  L  O  G  I
L  G  N  I  L  W  O  B  F  S
L  L  A  B  Y  E  L  L  O  V
```

BASEBALL   FOOTBALL   TENNIS

BASKETBALL   GOLF   VOLLEYBALL

BOWLING   ICE HOCKEY   WRESTLING

                  SOCCER

Video gaming

Can you find all of the words hidden in the puzzle below?

```
T E L E V I S I O N R
C C S R E K A E P S E
E T K C O N S O L E L
U R O N L I N E S M L
L B B L U S N N R K O
B C P L A Y O F Q C R
A S H K K T F R Y Q T
T S Q A T O O E Z U N
T O H U I J C S R A O
L B B K D R U Q C B C
E D H E A D S E T Z U
```

BATTLE   CONSOLE   ONLINE

BOSS   CONTROLLER   PLAY

BUTTONS   FOCUS   SPEAKERS

CHAIR   HEADSET   TELEVISION

Vegetables

Can you find all of the words hidden in the puzzle below?

```
C A B B A G E I R Y U
O W N C Z W Y N E S Y
T E B L I V I X W W D
A H C F N T L E O E Z
T S A O N U O C L E O
O E I K I O C U F T H
P N L R W R C T I C B
O D S Y X P O T L O H
G T D A Z S R E U R D
C A R R O T B L A N B
C N L I M W P D C G U
```

BROCCOLI   CAULIFLOWER   POTATO

CABBAGE   LETTUCE   SPROUT

CARROT   ONION   SWEETCORN

                PEA

Europe

Can you find all of the countries hidden in the puzzle below?

```
N R M B S P A I N N J G
E L J G X I U O E G R
T B B P A Y I L P B E
H L E D N A L E R I E
E A U L Z K W B M Z C
R G T T G Y L A T I E
L U H U K I O D J H Y
A T N G T S U C T N N
N R B C S Q I M H L A
D O F R A N C E V O K
S P W M G E R M A N Y
```

BELGIUM	GREECE	PORTUGAL
FRANCE	IRELAND	SPAIN
GERMANY	ITALY	UK
	NETHERLANDS	

Months of the year

Can you find all of the words hidden in the puzzle below?

```
Z N J G R E B O T C O
Y N A U C G Z M A Y J
F B C U N F C Y P J U
E W J B A E R J R A L
B C A Y Q A T W I O Y
R M S V U N M H L P S
U A J N M A R C H A O
A R A T S U G U A Z Q
R J L N O V E M B E R
Y C M R E B M E C E D
E T S E P T E M B E R
```

JANUARY	MAY	SEPTEMBER
FEBRUARY	JUNE	OCTOBER
MARCH	JULY	NOVEMBER
APRIL	AUGUST	DECEMBER

Butterfly life cycle

Can you find all of the words hidden in the puzzle below?

```
C C B G I W T J W U Q
R A F U P U P A T I Q
A T L W T L E A T S F
Y E U Q L T H C J U A
R R T G F P E O P E V
G P T C J W S R G H R
N I E F G G X N F Q A
U L R G N O A F D L L
H L E I H H D E V K Y
C A W U C F A V R Q A
Y R C H R Y S A L I S
```

BUTTERFLY	EATS	LARVA
CATERPILLAR	EGG	PUPA
CHANGE	FLUTTER	TWIG
CHRYSALIS	HUNGRY	WINGS

Ice cream yum!

Can you find all of the words hidden in the puzzle below?

```
C S O I H C A T S I P
C O T X V A N I L L A
H Y O R L E M A R A C
O Y Z K A C J Z X P D
C C R A I W Y Z F E P
O J E N T E B F J C A
L M N A A U D E Q A G
A I M N D W R O R N T
T N C A Z O J S U R P
E T F B E H Y G W G Y
L M V U C H E R R Y H
```

BANANA	CHOCOLATE	PISTACHIO
CARAMEL	COOKIE DOUGH	STRAWBERRY
CHERRY	MINT	VANILLA
	PECAN	

Venomous snakes

Can you find all of the words hidden in the puzzle below?

```
L D A E H R E P P P O C
R A T T L E S N A K E E
M G N A L S M O O B O
H T U O M N O T T O C
L K I N G C O B R A V
T X Y O U K N P R K B
A C C K T W T E K L X
I O K C O I G Z I D P
P R Y R A I F Y Q D F
A A B R T J C O B R A
N L K X I M A M B A M
```

BOOMSLANG   CORAL   MAMBA

BROWN   COTTONMOUTH   RATTLESNAKE

COBRA   KING COBRA   TAIPAN

COPPERHEAD   KRAIT   TIGER

Great composers

Can you find all of the words hidden in the puzzle below?

```
T D E B U S S Y Y E H X
C B I D L A V I V E X
H G E I W A G N E R P
A B I E I D R E V H L
I B Z R T W A G W D E
K R S A J H M J C E D
O A D G C H O P I N N
V H B L J U U V I Q A
S M T E A U A G E Q H
K S B A C H I X E N S
Y A M O Z A R T P V L
```

BACH	DEBUSSY	TCHAIKOVSKY
BEETHOVEN	ELGAR	VERDI
BRAHMS	HANDEL	VIVALDI
CHOPIN	MOZART	WAGNER

Airport

Can you find all of the words hidden in the puzzle below?

```
E N A L P I E Y D L U
C T E R M I N A L A T
L F Z S X L G L M N I
C F T Q E S N E D D C
G O R N B C X D R I K
R E O I S A U J L N E
U K P K K Q G R M G T
N A S C E F S G I P S
W T S E K Y U G A T E
A T A H I I A N W M G Y
Y O P C L N Z G M N E
```

BAGGAGE   LANDING   SECURITY

CHECK IN   PASSPORT   TAKE OFF

DELAY   PLANE   TERMINAL

GATE   RUNWAY   TICKETS

World languages

Can you find all of the words hidden in the puzzle below?

```
H C N E R F F G Q X V
K O R E A N U U I J P
K S P A N I S H T A O
U M X D T H C P A P W
N A M R E G R U L A S
R W D W S H G U I N I
Z L A T I N I Z A E L
E N G L I S H N N S Z
N I R A D N A M D E N
O T U A R A B I C I E
P O R T U G U E S E G
```

ARABIC   HINDI   LATIN

ENGLISH   ITALIAN   MANDARIN

FRENCH   JAPANESE   PORTUGUESE

GERMAN   KOREAN   SPANISH

Moon landing 1969

Can you find all of the words hidden in the puzzle below?

```
Z M O O N M D D C G D G
K B E A N S L S M A L L
T C C O L L I N S A M G
X J M J X X R J S R H I
O L P A A L G B C M T A
U E E P N L N R D S T N
A A T T V K D D J T E T
S P S G Z J I R S R K B
H Y O S A D W N I O C H
C P F L U S Y P D N O U
E A B H L T D Y B G R Y
S A S T R O N A U T B F
```

ALDRIN	COLLINS	MOON
APOLLO	GIANT	ROCKET
ARMSTRONG	LEAP	SMALL
ASTRONAUT	MANKIND	STEP

Horses and ponies

Can you find all of the words hidden in the puzzle below?

```
M O M A N E G T S L Z T
X U Y F H S B R U S H O
S R K E D I R X H A O R
G R E I N S P Z C D A T
Z X Z N R B H Z Y G S R
H O R S E S H O E T C O
U G E L D D A S I E B F
V I A L X N E R F E E D
T T N L E C R C L B X O
D P R I L U M C Y G C E
A S G U P O L S V T G J
F H J S D U P H O O F P
```

BRUSH	HORSESHOE	RIDE
FEED	MANE	SADDLE
GALLOP	NEIGH	STIRRUPS
HOOF	REINS	TROT

Mythical creatures

Can you find all of the words hidden in the puzzle below?

```
F Z Z C F L O W E R E W
D I A M R E M Y R I A F
Y B U O P D N N R O E G
B U U L U Y B V G G D R
Q P M K G L N T O J F I
B B J N L R W R B D C F
C D O X I C U U L Z S F
T M N O G A R D I F J I
E D C D T D S Y N H L N
I E D N Q T E L N C S J
C O E Q U N I C O R N V
Z C S J P H O E N I X V
```

CENTAUR   GNOME   PHOENIX

DRAGON   GOBLIN   UNICORN

FAIRY   GRIFFIN   WEREWOLF

               MERMAID

Sweet treats

Can you find all of the words hidden in the puzzle below?

```
Q L W M A E R C E C I W
Q H E Y S F U D G E E O
P E M M N T O F S H I L
O T E O A N N G C R W L
P A C W U R V I L J S A
I L S C X P A Z M D U M
L O M O N E Q C U K G H
L C J E L L Y B E A N S
O O I N P B W W R Y T R
L H F Y K K U G H I O A
J C M I L K S H A K E M
L I C O O K I E A W O L
```

CARAMEL

CHOCOLATE

COOKIE

FUDGE

ICE CREAM

JELLY BEANS

LOLLIPOP

MARSHMALLOW

MILKSHAKE

MINTS

Being a good friend

Can you find all of the words hidden in the puzzle below?

```
P C C Y V S Z Q L H W T
O G R E H I E I O B T R
E C E N G A V L Y K N U
S A S L N A L R A L E S
U R P Y O E R D L A I T
P E E K X R T U M T T X
P Y C E O F O S O G A P
O J T K P G F F I C P Q
R M S E H P B Y E L N D
T R R H L A U G H W D E
V D N I K G H O N E S T
K E C J J E Q C M X X R
```

CARE	LAUGH	RESPECT
ENCOURAGE	LISTEN	SUPPORT
HONEST	LOYAL	TALK
KIND	PATIENT	TRUST

Africa

Can you find all of the countries hidden in the puzzle below?

```
Y S O U T H A F R I C A
B A I P O I H T E H Z B
O A I N A Z N A T B I A
W G A I R E G I N P D K
X M N M L Q Y E J N E A
W O H O E V G P A N L P
L R N C C Y W G Y G W B
S O A V P E U A W D T N
I C D T T T Q Y I N F H
U C U A N G O L A F U W
Y O S A S A S A M L W X
A L G E R I A F U L V X
```

ALGERIA	ETHIOPIA	SOUTH AFRICA
ANGOLA	KENYA	SUDAN
CONGO	MOROCCO	TANZANIA
EGYPT	NIGERIA	UGANDA

Capital cities

Can you find all of the words hidden in the puzzle below?

```
C X V A T R A K A J E R
O X A V I O S B N Y Q D
O R I A C N V R E T T A
B E I J I N G A W I Y L
A X T L U O E S D C G I
O H Z N S G Q I E O R N
G F Y I L V S L L C L A
U G R Z J O F I H I N M
R A A R F J N A I X S A
P O Y K O T H D R E E I
X K W I R H X R O M H I
O B E R L I N D Q N W K
```

BEIJING	JAKARTA	NEW DELHI
BERLIN	LONDON	PARIS
BRASILIA	MANILA	SEOUL
CAIRO	MEXICO CITY	TOKYO

Fun at the fair!

Can you find all of the words hidden in the puzzle below?

```
G O K A R T S J O L I S
L R K S S L I D E U X P
I O Y U Z O D S B S F U
X N H J Y J U S M H U C
G T V K R O Y R M A N A
V W V J R R D A N V H E
H G L A G K T D Z S O T
C O C O N U T S H Y U G
S W I N G R I D E L S F
L L E E H W S I R R E F
D O D G E M S T E D L A
B X P I H S E T A R I P
```

CAROUSEL	FERRIS WHEEL	SLIDE
COCONUT SHY	FUNHOUSE	SWING RIDE
DODGEMS	GO KARTS	TEACUPS
	PIRATE SHIP	

Dog breeds

Can you find all of the words hidden in the puzzle below?

```
I M W W B U L L D O G L
M P R L A B R A D O R Y
M C D D O B E R M A N L
K B B P V T N Y V U B E
P P P O D B U B D I M I
N W O U X C G E B G R N
N K K O R E X A Q R G A
P B X M D I R G Z O E P
U T U S E L C L X C H S
G C O L L I E E W H S L
N A I N A R E M O P S L
F L C H I H U A H U A P
```

BEAGLE	COLLIE	POMERANIAN
BOXER	CORGI	POODLE
BULLDOG	DOBERMAN	PUG
CHIHUAHUA	LABRADOR	SPANIEL

Feelings

Can you find all of the words hidden in the puzzle below?

```
R T S H Y T M S P V F H
F M G K Z O S F N E R H
V O Y A Z W A D J M U X
D S C A R E D J X B S B
R E C B K D D T B A T J
D U T A F A I H I R R K
E N F I L P C A U R A Y
I H E O C M V P N A T R
R H M A Q X R P T S E G
R T I R E D E Y W S D N
O L O G Y X I L P E I A
W L O N E L Y O L D Z E
```

ANGRY   FRUSTRATED   SCARED

CALM   HAPPY   SHY

EMBARRASSED   LONELY   TIRED

EXCITED   SAD   WORRIED

Birds

Can you find all of the words hidden in the puzzle below?

```
S M K D O V E T G U F R
A K K U D E L G A E M O
C C S W Q Q W B M U D B
T P C P A X M L Z U L I
X O P Y C H Q Q P N M N
X W Z R H E E E A P C E
D L O B Y C G B R W W U
Q W L B U J I I R J M B
E X Z W H D E R O I H G
P M E F V O G D T E S L
M P I G E O N I H S J R
F N T G V H B Y E B O O
```

BLUEBIRD	EAGLE	OWL
BUDGIE	EMU	PARROT
CROW	HAWK	PIGEON
DOVE	OSTRICH	ROBIN

Water park fun!

Can you find all of the words hidden in the puzzle below?

```
J E R R B Q W R T T F P
S L X A I Z O Q K U W C
E T C V F M S B A B Z S
D S D J S T Y A C E Q D
I I V F K D C S L S R I
L H L I F E G U A R D P
S W Q G N B P I D W F A
I L O C K E R F X J L R
Z L O O P E V A W P O A
R L A Z Y R I V E R A S
I A S E L G G O G M T E
M H M T L E W O T D S N
```

FLOATS	LOCKER	TOWEL
GOGGLES	RAFT	TUBES
LAZY RIVER	RAPIDS	WAVE POOL
LIFEGUARD	SLIDES	WHISTLE

Reptiles

Can you find all of the words hidden in the puzzle below?

```
R E T S N O M A L I G N
S D I N O S A U R V G O
W E L I D O C O R C F G
T E R R A P I N K J H A
W S N O E L E M A H C R
Y I A M T K S Z I T L D
P O A Q H A I R U D I O
Q T E O W K G R F Z Z D
Y R K K P E T I F M A O
H O A C Q L K M L X R M
Z T N E E M S W B L D O
P D S G Y M O Y Z R A K
```

ALLIGATOR	GECKO	SNAKE
CHAMELEON	GILA MONSTER	TERRAPIN
CROCODILE	KOMODO DRAGON	TORTOISE
DINOSAUR	LIZARD	TURTLE

Insects

Can you find all of the words hidden in the puzzle below?

```
D S T I C K I N S E C T
R J W B G F X C A T V P
A G E G H S R L G M M R
G O H Z A I E I E E B D
O Q P N C K L T I U T T
N V T K D H T T I R D B
F Z E B Z M E Y G H Z X
L T W W J I E I Q T G C
Y X S A C O B I Q O A M
U N L S K D K R Y M U J
Q P F P R E D I P S A Q
F R A L L I P R E T A C
```

ANT	CATERPILLAR	SPIDER
BEE	CRICKET	STICK INSECT
BEETLE	DRAGONFLY	WASP
	MOTH	

Olympic sports

Can you find all of the words hidden in the puzzle below?

```
N G F G A F T N S V G H
G O Y T A H C C W N N Q
N Y C M O C I I I D I M
I N R H N T R L U S L J
W A Z E E A C D Y X T J
O L H L H Y S H N R S G
R G H T C C D T K H E N
P T B B W I R J I C R I
A H A M P B R A Y C W C
I G N I X O B L A D S N
U H K U G N I V I D C E
G N I M M I W S X R O F
```

ARCHERY   CYCLING   ROWING

ATHLETICS   DIVING   SWIMMING

BOXING   FENCING   WRESTLING

               GYMNASTICS

Animal giants

Can you find all of the words hidden in the puzzle below?

```
N H R O C O X Z G W V E
O I Q H K X E L A H W F
G P H C I R T S O U D F
A P T E X N C A I X J A
R O N W L C O D I I S R
D P A V W I N C R L P I
O O H U F D D T E F Z G
D T P D E W O O B R R W
O A E F K K R Q C Q O D
M M L N V W P J X O T S
O U E Y G B E A R U R V
K S C C O G K W F U B C
```

BEAR

CONDOR

CROCODILE

ELEPHANT

GIRAFFE

HIPPOPOTAMUS

KOMODO DRAGON

OSTRICH

RHINOCEROS

WHALE

Greek gods and goddesses

Can you find all of the words hidden in the puzzle below?

```
G S X V E A G F C M U W
O T V Y W R N X E H D R
X Z V X P O S E I D O N
S E R A B E W C H M P X
D I O N Y S U S V T Y C
V S J E G Y S S E D A H
P W K Y M A R T E M I S
L A P H R O D I T E K R
I H O L A R E H Z P U X
D E M E T E R Z H E E B
G K I A P O L L O G U R
Y H E R M E S X V B Z S
```

APHRODITE	ATHENA	HERA
APOLLO	DEMETER	HERMES
ARES	DIONYSUS	POSEIDON
ARTEMIS	HADES	ZEUS

Construction site

Can you find all of the words hidden in the puzzle below?

```
E B T I M B E R I E H G
R V T S T E E L D N N C
E B N V H I T C N O G S
X D U A I S G R G Z X T
I U F L H I V I S L O A
M M R W L R E G G I D H
T P E S O D O O H Y V D
N T D C K R O A P N Z R
E R A R W C K Z H H J A
M U O A W F I E E X P H
E C L N X W W R R R X B
C K W E E I A Y B S P A
```

BRICKS	DIGGER	LOADER
BULLDOZER	DUMP TRUCK	STEEL
CEMENT MIXER	HARD HATS	TIMBER
CRANE	HI VIS	WORKERS

Asia

Can you find all of the countries hidden in the puzzle below?

```
P A K I S T A N E A W N
O U Q T L N D K C I H A
A Q B R H G X H H S J T
F I G A J A I U P E A S
V M D I N N I D O N P I
R A K N A G E L O O A N
C A L G I R L I A D N A
V G K Q K P B A O N M H
V I E T N A M R D I D G
Q S O U T H K O R E A F
A E R O K H T R O N S A
P H I L I P P I N E S H
```

AFGHANISTAN   INDONESIA   PHILIPPINES

BANGLADESH   JAPAN   SOUTH KOREA

CHINA   NORTH KOREA   THAILAND

INDIA   PAKISTAN   VIETNAM

US presidents

Can you find all of the words hidden in the puzzle below?

```
L I N C O L N S M D K N
C M W A S H I N G T O N
E S H T I Y Y Y I R C F
H J D G K L O T T X L K
S H U R P M U R T O O E
U Q H Y E F X S T W Y N
B M O O L V S O I I N N
C A R T E R O L G E W E
A M A B O E S O L L Z D
Z W I S G O H I H B P Y
Q U Q F N K B I D E N T
B F R O O S E V E L T Y
```

BIDEN   KENNEDY   ROOSEVELT

BUSH   LINCOLN   TRUMP

CARTER   NIXON   WASHINGTON

HOOVER   OBAMA   WILSON

WELL DONE! YOU DID IT!

We hope you enjoyed our book!

Here are some AWESOME jokes as a reward for finishing all of our puzzles...

What do you call a teacher who is always late for school?
Mr Bus

What do you call an exploding monkey?
A bab-BOOM!

Where do fish keep their money?
In the river bank

Why did the banana go to the doctor's?
Because he wasn't *peeling* very well

Made in United States
Orlando, FL
16 December 2024

55710674R00059